꿈꾸는 사막여우

도서출판 홍두깨

작가의 말

단비 그친 뒤 밭두렁 꽃 깔리고
꽃 꺾는 여자애 어깨에 앉은 얼룩나비가
댕기 핀과 짝인 듯
나의 열여섯 살이 잡으려하자
시냇물에서 한 쌍 되어 날아간다

노을 볕 윤슬 헤치며 건너
함께 펼치려 했던 날개
가슴에만 담았던 동행을 산자락부터
산 그림자가 깔린다

글은 과거의 손짓이었다
외로움까지 아름다운 회상의 연장선에 놓인 건

수평선 너머 떠가는 배를 인식하듯
막연한 기대까지 의욕일 때 있다
그것이 내가 쓰고 싶은 모든 것이다.

차례

1부

아픈 것이 아름다울 때가 있다	12
소나기	13
숲 깊은 곳 이야기	14
낙엽냄새	15
벚꽃 지는 밤	16
안녕이라 말하는 것들 위해	17
아름다운 날은 짧다	18
달의 여인	19
미련	20
그해 초여름의 이야기	21
분홍색	22
애인을 두고 싶다	24
꽃보다 꽃 같았던	25
봄, 들판에서	26
안녕	27
그때 친구에게	28
후회	29
휴식을 위한 집	30
끝에서 보고 싶은 것	31
그립다는 건	32

2부

서커스단 여인	34
꿈	35
노을볕	36
섬을 둔다	37
소금꽃	38
첫눈	39
흔들리는 자신을 이야기하렴	40
마당을 쓸었습니다	41
잡념	42
봄의 길목	43
끝에서 끝으로	44
나의 열여덟 풀잎	46
그리운 곳은 존재합니다	47
늙어 간다는 것	48
낙엽이 가는 길	49
나의 별들	50
마지막 날에	51
누군가에게	52
기대	53
회상은 아름답습니다	54

3부

탱자꽃 피고 58
들국화 필 때 59
삶이라는 느낌 60
여행길 61
너의 행성으로 62
첫사랑 64
천직 65
장날 66
은하수 68
나라는 별빛 69
바람으로 전해주고 싶은 이야기 70
꽃밭에서도 늦가을이 머문다 72
저녁 바닷가 73
장미꽃 받으면 74
풀 비린내 75
비와 기억들 76
바람으로 77
동그라미에 가둔 그때 78
땅 가지기 79
복숭아 꽃 80

4부

그해 눈보라	82
초봄	83
꽃날	84
너와의 만유인력	85
나무는 살아왔던 것을 안으로 가둡니다	86
바라는 것들	87
눈을 눈으로 바라보자	88
동행	89
짝사랑	90
낙화의 속뜻	91
늦가을 들국화가	92
꽃비	93
보리 익기까지	94
섬 여자아이	95
첫 무지개 뜨고	96
바라본다는 건	97
떠나고 남는 자	98
첫눈 내리면	99
끝에서	100
나의 그리움	101

5부

꿈꾸는 사막여우 104
데자뷔 108
장미꽃 사랑 109
길 110
고독, 모를 때가 아름답다 111
짝 112
구름으로 되돌아가오 113
바다 향한 동행 114
여름 동화 116
아름다운 눈물 117
너라는 나비 118
그대가 나의 가을이다 120
繡(수놓을 수) 121
버스 승강장에 핀 민들레에게 122
샛별 124
無를 위하여 125
바닷가 카페 126
팔레트에 담았던 물감 마르기 전에 128
순리 129
목련꽃, 등 130
국화 피고 132

해설

1부

아픈 것이 아름다울 때 있다

찔레 순 꺾던 누이의 손가락에서
봉긋 솟는 핏물

나의 어린 우주가 고여있다

소나기

유리병에 천 마리 종이학의
천 번의 날갯짓,
소낙비 의해 펄럭인 채 갇혀있다

꽃술을 한 움큼 꽃으로 완성한 수국까지
흔들려도 떨구는 것은 없었다

비가 생명을 다해 고이는 물웅덩이에서
동그라미들이 엉키고 있었고
가두는 것 위에 가두다
날개를 닮아 금세 마른다

우산 쓴 소녀가 햇살 속을 걷는다
유리병을 서랍에 다시 가두었다.

숲 깊은 곳 이야기

뻐꾸기는 귀 익은 소리를 놓치지 않는다
유전자가 그었던 선을 따라 숲으로 날아간 뒤
먹이를 물고 왔던 딱새는
둥지에 뒹구는 솜털이
갈고리가 되어 가슴에 박힌 걸 알았을 것이다

할머니가 물레 돌리며 들려줬을 때
사실이어도
베틀에 얽힌 실 따라
실타래 속 꼭꼭 숨어있길 바랐다

뻐꾸기인 듯 소리가
울타리 너머 마당에서 맴돈다
딱새도
둥지를 비워둔 채 울타리 그림자에 더한다.

낙엽 냄새

낙엽은
끝을 아는 것은 같으나 두렵지 않아 좋다
형태 그대로 탈피를 하면서
나무를 우선한다는 믿음을 버린다

모여서 또는 하나씩
뒹굴면서 멀어지길 바라는 건
계절을 핑계 댈 수 있어 홀가분하다

외로운 것을 따르는 길을
나도 혼자 가야 하기에
낙엽 밟는 소리와 대화 나눈다

한줄기 바람 같은 희망을 하늘에다 맡기며
씨 유 어게인
낙엽 냄새가 좋다.

벚꽃 지는 밤

벚꽃 질 때
퍼트려진 꽃무리 중에서 한 닢을
시집에 갈피 했었다
한 줄기 바람 만나 날려가려
잎마다 흔들릴 때
박제된 채 간직했던
꽃 같은 사람들의 사랑을

먼지와 쌓여있던 계절을 털어내고
시집을 펼치자
벚꽃은 여전히 지고 있었고
하늘보다 더 넓은 작별인사가 실려 있었다

안녕이라 말하는 것들 위해

누군가의 배웅 없는 여행은
집을 비워둔 채 두고 가는 거다

공간을 채웠던 것 중에
소나기 지난 뒤
장독대 뚜껑 고인 빗물에다 비춰
구름 헤아리던 때를 판화에다 새기고
남은 종이 한 장마저 붙이는 거다.

웃고 울었던 자취는
쌓였던 먼지에만 남겼다가
눈 밑 매단 별빛으로도
생긴 그림자를 앞세우는 거다

가졌을 행선지 이상 고집하지 않고
안녕이라 남기는 거다

아름다운 날은 짧다

나비가 잠깐 머물 때
꽃은 삶 전부를 맡긴 것이다.

날갯짓을 이식한 나비가
날아간 뒤
낙화까지 나풀인다

달의 여인

달뜨면 가야 했었지
달맞이꽃 만발한 강둑에다
색 바래고 뭉그러진 조각상을 놔두고

신발까지 닳고 떨어져 풀 이슬 젖으면서
들풀들이
자잘하게 내민 꽃잎보다 여린 여정을

달에서 태어나
가슴을 풍화시킨 채
창백한 얼굴을 분으로 가려야 했던 엄마가
부재를 견디려 손 내밀 때
분 냄새 잊지 않으려는 집시 여인

끝나는 새벽에다 여장을 풀고
악보 쓰다 잠든 악사가
꿈속으로 옮긴 리듬을 달빛에 펼쳐 춤춘다.

미련

네가 영혼까지 사랑했던 때 탈피하고
나비 되어 날아간 뒤에
너 외의 시간을 담으로 둘러 숨었지만

내 안을 부딪쳤던 날갯짓을 보기 위해
담쟁이가 되어 오르고 있었다

그 해 초여름의 이야기

풀대에서 잡은 잠자리 시집보내자
깔깔거리는 여자애가

댕기 머리 풀지 못한 채
한 입 이겨내려 어서 가라는
손짓을 봇짐에 품고
동구 밖 돌아서서 지었던 눈물을

연지곤지와 묻어났어야 할 햇살은
보릿대에서 누렇게 부서졌고
나귀방울 대신
가마꾼 대신

꼬리에 버들강아지 꼽은 잠자리는
무논을 스치듯 날아갔었다.

분홍색

분홍은 살며시 고개 내밀 뿐이야
언제나 그랬어
손톱 때 끼어 창피하지 않니? 발라주던 매니큐어
냄새가 싫어 싫어
찡그린 미간에다 웃음기 찍던 순이 누나가
화장 곱게 대문 나서자
바람 탓에 원피스 자락 하늘하늘 위로 향했지

굽 높은 구두 신고도 작은 키
비틀거리는 걸음 뒤에 술 냄새 따라오고
허물 까인 뒤꿈치, 선명한 핏자국에다
뿌리내리는 흰 채송화 꽃이
분홍을 띤다 믿었을 때

골목길 가로등 불빛 밖의 누군가를
잡으려다 주저앉은 채 울고 있었어

<
말려진 치마 드러났던 팬티가
분홍색이어서
빨랫줄에서 걷어 서랍 속 깊이 감췄는데
분홍들이 불꽃도 되지 못한 채 타고 있었어

애인을 두고 싶다

바람 같은 애인을 두고 싶다.
바람의 이름을 알려주고
바람으로 스쳐
바람으로 기억해 달라는 여인을

눌러쓴 챙 모자와 펄럭이는 원피스 자락
시간을 눌러 글 한 편에 머물게 하고는
나의 스무 살을 끌어오는 여인을

별을 가졌어도
별빛이 바람에 흔들리지 않을 여인을
애인으로 두고 싶다.

꽃보다 꽃 같았던

너에게
편지 쓰다 한 단어에 꽃잎을 붙이고
다음 계절까지 기다린 뒤 부친 것은
마른 꽃 이파리가 부스러져야 했거든

우체통 찾느냐 늦었다 핑계됐지만
편지 받고 의아해할 너의 표정

꽃무늬 그대로 얼룩졌을 단어를
나의 뜻으로 알리고 싶다.

봄, 들판에서

잔설 이고 있는 산봉우리 넘는
높새바람도 달래 울에서 머물다

꽃 시린 향 품고는
마을 시냇가 건너
나들이 채근하는 아씨 팔을 툭 치며
숨는다 한다

곳간마다 감자부터 눈 틔워 봄 가득한
들판을 보려 하고
밭 갈기 위해 챙기는 쟁기와
풀어지는 옷깃,

뒤집히는 흙에서 아지랑이는
꽃잎부터 급하게 거두었다.

안녕

누우면 발끝이 지평선에 가리고
독백을 하면 자전하여
메아리 되는 별이라도 내게 있다면

나의 인사가
전파가 되어 우주로 퍼지고
타인의 공간에서 별빛으로 반짝일 것
같은 안녕?

별나라 사람의 답신이
대기권에 부딪혀 뜻 모를 오로라가 되어도
별밤을 맞이하며 기다리는 대답

안녕!

친구에게

담 밑 비워두었던 꽃밭에
유난히 많이 피었던 들꽃을 뽑지 않았던 건
별보다 작은 꽃잎이 떨어질 때
별똥별 같다고 가리키던 손길을
잊지 않아서다

밤하늘 한 획 긋던 자국을
지우지 않은 채
함께 가꾸다 지어주던 미소를
다가가 보고 싶다는 고백하면

놀란 눈동자에
해 거둬 윤슬이 퍼지고 가만가만 웃어 보이며
이른 별똥별 가리키겠지.

후회

나비가 왜 머무는 지
이유를 모르다
꽃잎 질 때야 꽃을 피웠다는 걸 깨닫고

회상이 남긴 그림자라도
예뻤구나
예뻤구나

속 깊은 곳에서 이어 붙여 흉내 낼 수밖에

휴식을 위한 집

노을 물든 구름으로 집을 지으려면
저녁 하늘을 기다려야 한다

한 주먹씩 뜯어
담장을 두르고 서까래 잇고
지붕을 엮으면 외따로 하늘에다 완성될 집을
자투리 구름을 꽃밭에다 뿌리면
노을빛 더한 꽃잎을
하룻밤 지내다 아침 햇빛 속으로 투명해져도
집을 짓기 위해 기대한다는 것

하늘을 밝게 남긴 해가 저물기 기다리는 것도
희망을 지우지 않았다는 것
끝에서 받아들이는 것들은 모두 행복하다

끝에서 보고 싶은 것

들국화는 보고 싶어 한다.
눈꽃이 녹아 고인 물웅덩이에
한 닢씩 떨구면
자신을 비치며
자신을 이기고 퍼지는 동그라미를
잡아놓은 시간에서 오히려 잡힌 자신을

첫 서리와 색깔을 버려야 하는
들국화는 고집스럽게 버티고 있었다.

그립다는 건

북극에서 남극까지 하룻길인 별에서
물기 어울린 눈빛은 과거에서 돌아오는
시야였다.

기울어진 자전축 따라 펼쳐진 사계에도
오직 한 닢의 꽃송이만 피워
문신으로 새긴 뒤
그립다는 건

타인의 별을 관측하며
빛을 잃을까
매일 밤 담장으로 둘러야 했던 별무리를
허물어 씻는 것이다.

2부

서커스단 여인

물레방아 뒤에 두고 꾸리는 여장
물 비치는 풍경에 맞춰
무희는 흰머리를 염색한다

늘어지게 연주하는 악기는 발목을 감아
팽이 끈이 되었고
공허를 베고 자는 육신을
가진 사람들은 모질게 당기며 웃는다

젖는 눈매가 불꽃을 꺼뜨리지 못해
소매로 가렸어도
마차 바큇살이 부러지지 않은 채
자신을 관통한다
물 비치는 바퀴 자국 따라 떠간다.

꿈

풀밭에 부는 바람이
풀잎과 부딪친다
나도 풀 한 포기로
풀 부딪히는 소리를 함께 내었을 것이다

수없이 풀잎으로 피고 지면서
비슷하듯 토해냈던 각각의 사연에서도
풀피리 소리이길 바랐던 꿈을

아득히 깊은 곳에서도 풀냄새가 가셔지지
않는다.

노을볕

해 걸음 끝날 즈음
땅거미가 산 그림자 앞세웠어도
담벼락에서 머무는 건
어머니의 뜻을 따른 것이다

해 자국을 남기지 않고
산 너머 흐려지던 노을은
이른 달에 볕을 더해
마지막 다리를 놓자

집집마다 불 밝히는 마을 향해
건너는 발걸음 바쁘다

섬을 둔다

바다를 가진 사람은 섬을 두고 있었다
별밤, 해변에 누워
한 뼘씩 별을 이어 썼던 편지를
보내는 것 보다
간직하는 것이 더 아프다는 걸 안다

수평선 걸친 채
집어등을 밝히는 배가 되었어도
닻이 허락하는 바다를 떠 갈 뿐이다.

정박하지 못해 서로에게 외롭다

이른 아침 부둣가 향하고
해당화가 해를 끌어 올리면
물비늘이 만들어 섬마다 이어지는 길,
이야기가 꽃 다스린 바람으로 밀려든다

누구에게 만남을
누구에게 그리움을
섬, 그때부터 나도 섬을 둔다.

소금꽃

바다 바위 웅덩이에
물결 같은 흰 띠의 소금기가
바닷물이 증발되어
나비가 되듯 날아갔을 거란 이야기 듣고

꽃으로 이름 붙이자
큰 파도가 쓸어 함께 지고 만다.

첫눈

이루었거나
이루지 못했거나
아프거나 슬프거나 가슴 뛰거나
누구에게 오고가도 평등하게 덮어주는 눈

처음 했던 약속을 찾으려
내 안의 먼 곳까지 여행하면
어김없이 내리는 눈

너는 눈발에 가려진 채
형체만 희끗희끗하다.

흔들리는 자신을 이야기 하렴

흔들리게 하는 걸 원망하지 말자
코스모스는 키 이상 벗어나지 않고
연못은 물결을 거두려는 의지를 가지고 있다

한 뼘 너머 세상을 동경하는 너를
뿌리가 놓아주지 않는 건
물새까지 강폭을 넘지 않은 울음소리에서
떠나지 못하고 있어서다.

마당을 쓸었습니다

꽃밭의 꽃 이파리가 바람과 흐트러질 때
마당 한 쪽에 모으려 빗질 하였습니다
종량제 봉투에 넣으려다
꽃밭에 돌려주었습니다
떨어지면 떠나는 것보다
떠나는 걸 무조건 받아들이는 것이
넓고 깊다는 걸 알게 됐습니다

다른 꽃이 질 준비합니다
어떤 바람이라도 흩날린다면
무색의 공간을 잠깐 입혔던 색깔이
오래도록 남습니다

창고 앞에 두었던 빗자루를 다시 들었습니다
쓸게 될지 내가 쓸리게 될지 혼돈이 올
생각까지 쓸었습니다.

잡념

바닷가 카페에서
파도 소리가 음악 속에 자꾸 섞여
따지듯 출입문을 열고 나가자
파도는 소리를 내지 않았다.

파도가 바다 풍경을 이루었지만
음악은 음표의 지시 이상
받아들이지 않았고
나의 믿음이 파도소리를 반주 넣고 있었다.

봄의 길목

매화가지 더하는 눈송이가
물기가 되어 떨어진다
바구니 이고 밭두렁 모이는 아이들은
산자락 잔설 더한 바람에도
튼 손 호호 불며 부지런히 냉이를 캔다

봄은 패인자국을 따라간다

보조개 고이던 빨간 웃음을 훔쳐
살얼음 깨치고
집에 먼저 도착해 여장을 푼다.

끝에서 끝으로

섬에서
수평선 안쪽을 세상으로 믿었던 소년이
해넘이까지 자신 위해 존재하여
얼마나 행복하였을까

지저귀는 바닷새와
이름 모를 꽃에게 이야기 걸었고
통하지 않을 대화 속에 몇 개의 단어로
스스로 대답을 만들며
세상을 움직이고 있었던 소년은

공연히 가슴 뛰는 시기부터
슬픔도 아닌 진하게 밀려드는 파도 소리를
헤아리다 먼 뱃고동소리를 구별할 때부터
수평선은 너머를 위해 존재한다는 답을
구했다

새로운 끝을 향해
해변에 찍힌 소년의 발자국은 커지고

있었고
바다를 향하고 있었다.

나의 열여덟은 풀잎이다

맺힌 이슬을 떨구지 못한 풀잎,
가슴에 맺힌 물기를 통해
사람을 보고도
얼른 떨구지 못해 마르길 기다리다
아픔을 먼저 깨달았던 나이 때를

꽃을 피우려 꽃 밤을 밀었던 풀대부터
벽화에 새겼다.

그리운 곳은 존재합니다

그리운 곳은 사진으로 남아 있습니다
사진첩에서 꺼내자
맞잡은 손 온기는 여전하였습니다

옥수수 밭에서 머뭇거리다
입가 까만 웃음들
노을은 키를 키워 집으로 향하게 했고
어둠이 초가지붕을 짓누를 즈음
눈꺼풀 억지로 깜박이다 잠자리 듭니다

이른 새벽
혼자 문틈으로 비스듬 엇댄 대문을 열고
싸리나무 엮은 담 골목에다
별빛을 주단으로 깔았습니다

새끼줄 꼬아 눈빛부터
밤하늘 향해 놓았던 다리는
내일 꿈을 위해 존재하였습니다

한 줌 먼동은 그리운 곳부터 틉니다.

늙어간다는 것

자신의 색깔을 완성하여
가장 아름답게 나타내는 시기를 지나

색깔을 하나씩 내어놓으며
바래질 때부터
비로소 늙어간다는 것이다.

한 잎 단풍을 지나
이끌리지 않는 자유를 얻게 되는 낙엽에서
덧칠하지 않는 자신을
자랑스러워할 때다.

낙엽이 가는 길

떨어진 가랑잎들이 뒹군다
늦가을 풍경을 이룬 것으로
만족하고
하늘 아래에서 가졌던 꿈을
마지막 채색한 것은 엊그제

공원 나무 둥지에서
벤치 아래에서 모여
바람과 일렁이며 서로 위로하지만
연민을 속으로 더 채우지 않는 것은

어떤 기억에도 남지 않으려는 작별 인사 방법,
낙엽으로
겨울이 냈던 여행길을 나서기 위해 준비한다.

나의 별들

매화꽃 더하는 눈송이에서
풍길 것 같은 향을 등불처럼
시간 속에 가두면 꺼지지 않는다

건넌방 바느질하는 할머니가 부르면
바늘 꿰어주고 숙제할 때
문틈 아른거리는 불빛은 평화였다

몽당연필의 그림자를 껴안다 잠들고
산마을도 달빛을 이불삼아 덮고는
잠 청한다
화롯가 불씨만 빨간 눈으로 어둠을 지켜본다.

마지막 날에

연잎에 고여 있던 물방울들이
바람 타고 이리저리 움직이다 한곳으로
모인다.
마지막 한 방울에
자신을 터트리고 긴 물줄기 남긴다

나의 고여 있는 시간에
다른 시간이 흘러든다면

장력을 넘지 않으려
거부할 수 있을까

누군가에게

누군가의 마음을 보기 위해 까치발 할 때 있다
응시하는 눈동자를 바라볼 때 있다
슬픈 곳과
그리운 곳, 외롭게 하는 곳을
벽으로 막고 어깨 감싸주고 싶을 때 있다

뚜렷하게 남겼던 발자국도
바람에 지워졌을 그 시기에
지평선 걸친 소나무가
몹시 흔들렸다는 걸 보여주고 싶었다

지나왔고 지나가야하고
넓어지는 거리 탓에
제자리로 모아야 했던 까치발을
그저 스친 옷깃으로 삼아도
누군가를 채운다는 것은 무거워지는 것이다

알아가야 하는 것과
알고 싶지 않은 것을 동시에 짊어지는 것이고
얼마나 큰 희열인가 깨닫는 것이다.

기대

햇빛을 프리즘으로 통하자
무지개 색깔

물감을 섞어 화폭에 칠하면
눈부셔 바라보지 못해
해의 색깔을 기대하던 유년기에

회상은 아름답습니다

푸른 하늘 용해되는 곳에서
첫 기적소리까지
나를 그리움부터 이끌어 오게 하소서

마른 감자밭
비 떨어지는 소리가 편안하여
이루었던 잠, 깰 때부터
나의 창을 열게 하소서

아른거리는 달빛을 세던 눈빛이
희끗거리는 머릿결을 응시할 때
낙엽은 여전히 지난 계절을 움켜쥐었고

햇살과 바람이 창문을 두드리지 않아도
흔들리는 잎새와 그림자가
거쳐 왔던 모든 것과 한 가지라는 걸
알고 있어
스스로 잃는 것을 택하였습니다

<
귀 기울였던 마지막 기적소리가
떠남이었을 때부터 다시 오소서

3부

탱자 꽃 피고

탱자 꽃 하얀 울타리
너머를 동경하다 가시에 찔려 솟은 핏방울은
오월의 둑 근처 밭,
할머니의 젖가슴이었다.

마른 채 뜬 보리 이삭이
새벽이슬마저 끌어 늘어지고
덩달아 피는 찔레꽃

억센 순을 씹을 때 까만 목덜미와 앙상했어도
쭈글쭈글한 감자밥에서 한 톨 쌀이
달콤하여도 그늘은 없었다

이르게 익은 열매만은 욕심내 따고 있었다

들국화 필 때

울타리 아래 텃밭에서
비와 해가 번갈아 가며 머물러도
한줄기 서늘한 바람과 터트리는 꽃망울들

계절에 무심하여도
때를 맞추는 건 얼마나 경이로운가

허수아비는
오직 나를 통해 바라봐 주세요,
외쳐도

익기 위해 분주할 때
피기 위해 분주하다
더불어 어울리지 못한 나는

흙이 받아들인 잔해 속에서
한 잎 한 잎 피워낸 그들의 별에 기댄다.

삶이라는 느낌

보슬 비 흩날릴 정도만
어쩌다 반원 지는 무지개,

노트에 그리는 정도만
낙엽의 바스락 소리가 누구에게나 들릴 즈음
흠뻑 젖지 못했고
그곳으로 향할 의지가 없었다

지나치던 들판에 군락을 이룬 들꽃
한 잎, 그 정도만

여행길

새벽으로 향하는 별을 눈동자가 줍습니다
어떤 한숨도 막지 못합니다
커피 잔에 별빛이 담기는 것을 본 사람에게도
동틉니다.

별의 궤적은 실뱀이 되었고
똬리 틀어 노을을 품습니다
알에서 비늘이 계속 태어납니다
해가 삼키면서 점점 커지고
바닷물에 햇살을 내어놓습니다
10센티씩 새로운 공간을 걷습니다.

너의 행성으로

어둠을 끌어안으면
네가 기거하는 행성부터 반짝인다
다늠위한 기다림이 위로받는 유일한 시간

공원 가로등과 빨간 벽돌집 이층 창문,
꺼지지 않은 불빛을 그려
풀꽃이 되었고
나방이 되어 머물렀다

시키는 것의 속삭임을 잊지 않아서다

나의 소행성은 너의 밤을 공전한다
텔레파시 보내기 위해 새벽 두시의 하늘에다
천체 망원경 초점을 맞춘다

별빛을 확대하여도 별빛이었던 때
관측하는 팽창보다 평형 우주를 가지자
가로등에는 나방의 날개가 엉키고
풀꽃은 이슬을 품었다

<
유리창 전등이 꺼진다
아른거리던 그림자도 잠을 청한다
꿈은 반복된다.

첫사랑

보리 베던 사내아이가 종달새 둥지를
허물지 못했다
채워진 것은 더 이상 설레지 않아
색동저고리 푸르르 벗고
담 밖 지는 능소화를 물고 가려 했다

햇살 부딪히는 시냇물이
혈관을 돌아 등 두드렸던 때 있다

꽃 실었던 고무신은 여울 부근 맴돈다
노을 볕 맺힌 아씨 그림자 안으려다
꽃분에 눈 아려 뜨지 못했고
빗물 씻겨서야 꽃 진 걸 알았다

나비까지
아씨 치마에 앉아 선 보러 간다 하기에
담벼락에 송이송이 꽃을 새긴다

천직

눈바람을 이긴 보리가 푸르러진다
손등에 긁힌 보릿대 자국도 쓰라리지 않다

소리를 모르는 사람은
꽃길에서 꽃이 내는 소리가 아름답다 하듯
진하게 채색하는 건 구름 그림자였다

달력 숫자 밑의 작은 글이 선명하지 않아도
할머니와 어머니의 기억대로 보리가 자란다
이삭 세었던 기억을 되살려
별을 가지는 것이다
낡은 냄새까지 중첩되어 빛난다

따라오고 따라가고
닿을 수 있는 곳이 있어
밭두렁에 갇혀도 허물지 않는 것이다

장날

철새가 된 고사리가 광주리에서 훼치더니
잘 날아갔겠다

햇살을 자판에 깔아 노을이고 올 때면
떨이만큼 해가 남긴 다리를 건너
저녁을 푸르게 비쳐 오셔야 했다
볼에 발랐던 분은 갈라져 주름으로 패이고
감나무는 달을 꿰뚫어 등 굽고 말았다

부엌에서 누이는 움트는 보리밭에 꼽힌
서리가 깨져야 귀 기울인다
마른 솔가지 올려 불꽃이
붉어지는 눈동자에 더한다

화롯불은 삼십 촉 전구를 이기지 못해
문풍지 스민 달빛 속으로 숨었고
뭇 별을 불러놓은 샛별은 산 밑으로
가라앉는다

<
새 운동화 껴안고 잠든 머리맡에서
장가간 감나무 집 아들과
돌아가신 산 밑 할아버지가 장터에서
길을 잃자
바람이 알려주었다.

은하수

서쪽으로 흐르는 것과
함께 하지 못했다

코스모스 핀 도롯가는 골목으로 이어지고
아이들과 구슬치기 하던 나의 열 살은
산꼭대기에서 별을 잇고 다리 놓아 은하수
다다르면
쪽배 타고 노 젓는 것이 가능했다

치근거리는 불면을 자리 깔아
별자리를 따라간다
목화밭 골 따라 개미가 떼 지어 넘나들고
마침표 없어 땅을 버리지 못한 사람들은
지평선 향하여 떠간다.

나라는 별빛

밤하늘 무수한 별 중에서
한 개가 빛을 잃을지언정 누가 마음을
두겠는가

내가 그랬고
나도 그리되면

멀리서 바라볼 지구라는 별에는
함께 한 것으로 뜻 있었다 고마워하겠다.

바람으로 전해주고 싶은 이야기

꽃 흔들리면 나의 목소리였을까
머릿결 쓰담는 건 나의 손길이었을까

이른 반달 타고
노을 흩트려지는 저녁으로 향하는 건
되돌아오지 못하는 곳으로

낙엽으로 뒹굴면
너는 바람 탓이라 하겠지

어깨를 토닥이며 지나쳤고
손등을 감싸며 보고 싶었다 귓속말하려 해도
바람 소리만 남기는 걸

한 층씩 엎으며 날아가는 새도
바람을 원망하지 않듯
꽃씨라도 전해
바람으로 갔던 길가에 꽃이 피면

바람으로 말 걸었던 기억에
다시 귀 기울여 주렴

꽃밭에서도 늦가을이 머문다

마른 땅 일부분이 되기 위해
모두 가랑잎이 필연이었을 때
누구를 위해 핀다는 건 쉽지 않다

한 발자국 옮기는 거대한 계절을 두고
일생이 따라다니지만
흔하게 떨어지는 작은 꽃잎을 거부했던
보라색 나팔꽃만은

옷깃 여미는 바람을 두고서
나를 위한 어린 누이의 부탁을
별 떨어지는 대지를 앞세워 연주하려 한다

저녁 바닷가

저녁 바닷가 시계
초침이 밀어내는 땅거미가

카페 유리창에서 습자지 번지는 먹물이 되고
불빛에 의지해 그리는 건 나였다

낯설듯, 낯익듯 서로에게 더 다가가자
바람을 만나지 못한 들꽃처럼
더 넓은 바다를 상상한다
떠나지 못한 자신을 발견하였을 것이다

나를 지우던 바닷가의 시간이 되돌아온다
출입문을 열자 어둠을 넘은 파도소리가
밀려든다
익숙하게 멈춘 것은 평화롭다.

장미꽃 받으면

장미꽃 받으면 냄새부터 맡는다
책갈피에 담고
생각날 때 들추는 글 한 구절이
책의 전부가 되듯
꽃송이에 머무는 미소까지 내게 왔다

냄새는 기억이 되었다
벽에 못을 치고
그 사람의 공간까지 말린다.

풀 비린내

시골길 운전하다
누가 풀을 베는지 열었던 창문 틈으로
풀 내가 스친다
사람이 포기하지 않은 영역을 침범한 대가치고
잘려나간 것은 풀잎의 전부이다

고통이 존재한다면
향이 아니라 비린내다
시야를 좁혀도 의문은 파도같이 거세다
부딪힐 때마다 소리는 띠를 새기고 밀려간다

풀잎 이슬이 발등에 닿자
머금었던 풀빛과 풀 향을 내어놓는다
기억한 것은 외롭게 칸을 질렀고
브레이크 페달을 밟는다.

비와 기억들

비 내릴 때 떨어지는 소리에 뒤안길을
돌아보지 말자
나뭇잎 나는 것보다
가지를 휘청이게 하는 것이 아팠다면
떨구었던 잎이 없어도
후회는 자연스러운 것

빗소리가 누군가의 목소리 닮았어도
슬퍼하지 말자
뒤돌아 부르지 않아
서운해 하지 않는다면
숲을 이루었던 기억을 아름답게
빚어낸 것이다

날개를 털어내던 참새는
맺히는 빗방울에 자신을 비추지 않는다.

바람으로

바람으로 불어가며
별빛 실어 나르며 솔가지, 들꽃과
누군가의 옷깃을 흔들게 한 것으로
충분하다

스스로의 힘 다해 세상과 서로 떠날 즈음
티끌 같은 공화국에서
다리 뻗고 행복했으면 됐다

멈춘 시계에서 초침소리를 기도하며
다비의 장작 높이 올라서서
이어 부는 것에 재를 부탁한다

동그라미에 가둔 그 때

시간이 시냇물이 되어 흘러도
갈래머리하고 보조개 파인 너는
아직도 징검다리를 건너고 있겠지

이마 깊은 주름마다 졌던 그림자를
노을 볕이 가셔내고
따라 건너다 이끼에 미끄러지자 잡아주던 손,

멋쩍은 웃음까지
소금쟁이가 떠돌며 원에 가두고 있었다

흘려보내도 무심코 던진 조약돌에
다시 그리는 파동 따라
바랜 도화지에 연필 선으로 남은
너와 내가 있었다.

땅 가지기

담 밑 양지에서 아이들이 땅따먹기 놀이한다
손가락으로 튕긴 만큼 가진 뒤
가마솥 얹을 쌀 한 줌
더 많아져라
모를 심었고 벼를 거둔다
부자 된 듯 뿌듯해하다
엄마가 부르는 소리에 뿔뿔이 흩어졌다
바람만이 뒤따르며 땅에 그었던 선을 지운다

복숭아 꽃

빨랫줄 걸린 속옷 바라보다 들키자
푹 고개 숙인
머슴 얼굴이었고
그런 가슴을 채색하며
새들의 지저귐이 산 넘자
떠오르는 달빛에 연서를 읽고는
솜털 가셔내는 아씨였다

한 풀 한 풀 섬돌까지 날려가
꽃신에 숨어
핏물같이 버선에 무늬 지던
그 해 복숭아꽃은

커가는 시간이 휘몰아
창호지 흔드는 바람이 되자
밤새 꽃을 임신하여 대를 이으려
꽃을 낳았다.

4부

그해 눈보라

벚꽃 지는 거리에서
부나비 같은 발걸음을 모아쓰고
지난날의 눈보라라고
제목을 붙이자
눈빛이 유난히 눈 빛과 더한다

나부끼는 꽃 이파리마다 긋는 획은
금세 메워지지만
녹으려야 녹지 못하는 너와의 거리
단색으로도 접하는 세상을 칠하면
여전히
그해 노트에 눈으로 쌓인다

초봄

얼음 깬 냇가에서 빨래하며 유난히 흰 입김과
양 볼이 참 붉게 냇물에 비추자
버들개지 살금살금 푸르러 진다

진달래 먹던 입술마다 풍기는 향을
먼저 가져가 들판에 뿌리려
뛰어가다 돌부리에 넘어진 봄

꽃날

초록 초록 내리는 꽃비
장에 간 엄마 마중 나가려
꽃 장화 신고
색동저고리 비 젖을까
살 부러져 반 펼친 우산에도 아로 지던
꽃무늬

다가오는 버스에
꽃눈 날리고
귀 옆에 잔잔하게 풍기던 꽃 향을 잊어도

비 내려 유난히 따뜻했던 꽃길
달력에 빗금 쳤던 그때

너와의 만유인력

계절에 맞춰 많은 꽃이 핀다
그중에 개망초꽃이 막 틔웠을 때였지
노을로 끝난 원이 다시 시작하였고
제 자리로 돌아왔었고
중심은 오직 너였다

이름만 가진 채 돌아오지 않은 혜성들 틈에서
가까워지고 멀어졌다 끝없는 반복은
끈을 놓지 못하게 하였다

꽃들이 지천이다 각각 끈이 매여 있을 것이다
너와의 시간이 빨라진다
틈은 벌려져 원은 점점 넓어지고
공백은 더 푸르게 나이 들어간다.

나무는 살아왔던 것을 안으로 가둡니다

나무의 나이테는 둥급니다
자라왔던 것을 안에 고여둡니다
앞으로도 그러하겠지요
어쩌면
산다는 건 자신의 안으로 층층이 동그라미를
쌓은 것입니다
틈을 들여다보세요
겹겹이 어떤 인연을 가두고 살아야 했던가

왜 둥글어야 하는지
간격이 넓을 때도 좁을 때도 있습니다
모두 살고 있다는 메시지입니다

바라는 것들

밤비 그친 뒤
어둠이었는지 비였는지 혼돈이 오고
창문을 닫으면

빗방울이 떨어지기 전에 두드리고
가로등 거치는 그림자가 두드리고

그 다음 네가?
밤새 다음이 두드린다

눈을 눈으로 바라보자

눈 내리면 서로에게 주었던 아픈 곳을
감추자고
눈빛에 눈 빛 더해 눈물이 맺혀도
눈이 흐른다 믿자

체온은 눈을 가질 수 없어
쌓이지만 무겁게 부딪히지 않으니
서로의 눈으로 바라보자

밟힌 자리만 눈 그림자 지듯
서로에게 머물었던 자리만
눈에 띄지 않겠는가

눈 내리면 눈을 마주 보며 뒷걸음치자고
다음 눈이 내리면
서로 다가갔다 기억만 하자

바람이 눈을 데리고 오다
우산 끝 고드름이 햇살을 끌어 모으면
그때 눈을 지나가는 바람 정도로 보자

동행

꽃상여 앞질러 길 알려주려는 듯 흰나비
얇디얇아 햇살 속을 나부끼다
상처 날까 아찔한 그 날갯짓은

어떤 영혼을 이끌기 위해 짧은 환생을
받아들였을까?

짝사랑

설거지 끝내고 뜨락에 있었으면
꽃망울부터 틔웠을 것이다

서울 간다 했을 때
한풀 한풀 꽃 이파리 날려
쌓이게 하고 싶었다

꽃잎 채는 걸음을 알면서도
밭 감자 꽃이 하얗게 내밀면
잡힐 발목에
풀 내까지 떨치지 못할 것 같았다

삼베 치마 걸음걸음
먹은 풀이기는 소리 났고
신발에 달빛부터 기어 들어갔다.

낙화의 속 뜻

꽃을 이루는 풍경이 부서질 때 아름답다
역할의 끈을 끊는 이별이어서 더 아름답다
바람이 분다

화(花)르르 시작한다.

늦가을 들국화가

꽃이었을 거다
누렇게 바랜 윗옷과
거무스레한 얼굴이 머물고 있으니까

눈동자는 따라오지 못하다
곁에 있으려 했던 웃음이
꽃으로 행복하다가도
풍경과 더불어 입술을 파리하게
다물고 말았어

햇살을 억지로 끌어안아
꿈은 가지기 위해 잠 청하는 데도
이른 서리 반짝이며 꽃 비린내가 풍겼어.

꽃비

비 내리자 펼친 우산들
꽃잎마다 빗물 머금다
무게에 굴복하고 떨어지지만

무채색 세상 향해
우산에서 비 떨어지는 소리를 당당하게 낸다

동행의 끝에서 아름다움은 복종이다
비와 꽃, 꽃

보리 익기까지

보릿대가 꼿꼿해질수록
주걱에 붙은 하얀 밥 한 톨에 입맛 다신다

지는 꽃들이 색깔 합해 푸르러지는 봄날,
깡마른 손길에도 꿈은 지지 않지만
서로 손잡고 누렇게 휘몰아치면서
더 누렇게 뜨는 얼굴들,

보리와
속을 비우며 허리도 함께 휜다

섬 여자아이

섬 그늘 끌어당겨 낮잠 자던 여자아이
해송 거치는 바람이 숨바꼭질하듯
섬 너머 꼭꼭 숨고
파도가 한 뼘 몽돌 해변을 감추다 물러가자
눈 비비며 일어난다

손등의 공깃돌을
구름보다 더 높이 움켜지지 못해
튕겨나간 뭍 그림자,

갈매기가 수평선 끊어
마당과 섬 기슭 이어 놓으면
줄넘기하다
통통배 소리 한 줄이 적막을 깨뜨릴 때
눈 초롱초롱 빛난다.

첫 무지개 뜨고

비 그친 뒤 풀잎을
입가에 대면 대신 맺히는 이슬
그것으로
누군가를 바라본다는 건 프리즘 통한 햇살을
가두는 것이다.

누런 논에서 띄웠던 종이배는
막은 물꼬 탓에 벗어나지 못했고
논물에 가라앉았지만
푸르른 세상을 향할 때도 발 한쪽을
담그고 있었다.

잔잔한 물살을 일으켰던 미소가
마주친 눈길에 사그라진다.
멋쩍은 얼굴 가리려 풀피리만 급히 분다

비 그치면 풀잎이슬마다
풀피리소리 비춘다.

바라본다는 건

풍차는 이름을 지키려
바람을 기다린다고 했다

얼마나 고독한지
바닷가 카페 유리창을 두드리는 빗방울마다
어그러지는 수평선을 가감 없이 받아들인다.

떠나고 남는 자

떠난 자는 묶인 것에 의미 두지 않습니다
남는 자만
묶인 것을 풀려다 손을 놓아버립니다
어둠이 있어야 밝아진다기에
깊은 밤을 기다립니다

먼 곳에 향해 눈길이 가고
작은 빛을 받아들이려다
공허가 파도보다 못한 물결로 내려옵니다

소리를 죽이고
해변은 가로등 비치는 곳만 모두입니다
종착점 없이 이별이 알려주는 바다에서
등불은 흔들리다 꺼지고
그 부분만 남는 자의 기억입니다.

첫눈 내리면

길이 언뜻 보인다
둘이 함께 든 우산,
맞닿은 어깨에 체온이 다른 한쪽에 눈이
낯설지 않다

첫눈은
내 안에 첫 발자국 낸 사람을 곰곰이
뒤따라가다
찾지 못해
막연한 그리움으로 남겨두는 거다

평등하게 덮어주었던 나의 시간 속에서
약속하나 기억하고
전화벨이 울려오길 기다리는 거다

첫눈은 길을 낸다.

끝에서

모든 코스모스가 하나같이 끝을 아는 거다
엉킨 이슬을 흔적 없이 말리는 거다
그래도 삭은 줄기로
바람 스친 소리 정도는 내는 거다

밤하늘별이 가는 곳을 알려주려던 별똥별
금방 메워지는 길을
기억하고 시들어가는 꽃이라도
오르려
노을을 지펴 들녘 향해 인사하는 걸
아는 거다.

나의 그리움

여자아이가 내민 들국화 한 송이였을까
파란 하늘 그림자가 보조개 반쯤 담았고
목례도 부끄러워
뒤돌아 뛰어갔다

흔들리는 코스모스 꽃무리 가르고 나타날 듯

등 미는 바람이
부르는 소리이길 바라며
연신 뒤를 돌아보았던 그때가

뭉쳐있던 기대가 몇 발짝 걷자 흩어졌고
조그마한 작별 인사와
그리움은 가을보다 이쁘게 남아있다.

5부

꿈꾸는 사막 여우

사막여우를 사진으로 보던 아이가
사막에서 뭐 먹고살까 궁금해한다
벌레도 먹고 도마뱀도 가끔 과일까지
먹는다 하니
"얼굴 반 이상 덮는 긴 귀가 재미있어"
신기해한다

깜박이는 눈동자는 연신 별빛을 가두고
있었고
어린왕자와 대화위해 진화했을 거라
들려주었다.

꽃씨가 작은 별의 대기권에 부딪혀
별똥별 되어 떨어졌고 씨앗 하나가
장미꽃을 피웠지
처음 느끼는 본능대로 대해주었어도
계절을 내 세우며 시들고 말았어

지구 한 모퉁이 사막에 몇 백 년 만에 큰

비 내린 적 있었데.
오아시스보다 더 넓은 호수가 만들어졌고
별빛이 달려가 꽃을 비추고 있는 걸 발견했었지.

광활한 우주공간을 걸쳐 왔었던 건
샘물에 던진 조약돌이 가라앉았어도
가슴 언저리에 무수한 띠를 남긴 이유를
알려했어

고독이 만든 의자에 앉았다면
물결과 흔들리는 장미꽃은 대답했을 거야
"이별은 가깝고 너는 멀리 있어
 꽃 피워봐 얼마나 외로운지
 나비는 앉았다 가면 다시 오지 않으니까"

동트자 사람들은 꿈을 거두며 깨어나기
시작했고
어린왕자는 실망한 채 되돌아갔어

＜
사막여우는 장미꽃도 지구의 꽃처럼
노을과 합쳐질 운명이었다는 걸
느낌으로 알고 있었지

밤하늘 응시하다 낯선 별이 반짝이면
그곳 사막에, 그곳 호수에서
답을 찾았다는 메시지일까
큰 귀를 전파망원경 마냥 쫑긋거린데.

데자뷔

누구였나요
옷깃 스치면서 낯익은 얼굴
부르면 대답할 것 같아

백 년 전에
다른 백 년 전에
당산나무 앞의 돌무더기가 허물어져도
오직 나만이
억누르는 시간을 비집고 핀 질경이 꽃으로

본 듯한 곳에서
행복인지 슬픔인지 몰라
돌아보게 만든 당신은 누구였나요

장미꽃 사랑

새벽노을이 해와 흩어진 뒤
장미가 태어난다 했다

누구보다 뜨거워도 누구에게나
뜨거운 건 아니다
다가가면 가시에 찔려야 하고
솟는 피의 검붉은 꽃을 받아들이는 것이다

장미와의 사랑은 태양을 품는 것이다.
태어난 계절을 넘겨서라도 지속하는 것이다
사리 없이 높푸른 재가 되었고

한 점 노을 되어 어둠속으로 묻히는 거다

길

동공을 가득 채운 구름은
글썽이는 눈물 되어 눈꼬리 따라
길을 만들고
둥지를 튼 새는 숲속을 떠나지 않으면서
동공에 길을 비춘다
물수제비 뜬다

몇 번의 물그림자가 세상으로 나오기 위해
무너지는 하늘,
물살에 밀릴까 눈을 감는다
곧 제자리가 가슴을 노크한다
고요 속에서 길을 찾아 걷는다.

고독, 모를 때가 아름답다

세찬 바람 불 때 날린 풀씨가
먼 바다 암초에서 뿌리내렸다.

둘러싸인 수평선이
벽인지 모르고 피었던 풀꽃은

구름과 바닷새가
형상과 지저귐을 통해 다른 세상을 일깨워도
해무가 남긴
이슬 한 방울에 자기 얼굴을 비추다 진다.

짝

하얀 등대가 있으면
바다부둣가 따라 눈길도 따라간다
목적이 아닌데
빨간 등대 찾아보는 버릇이 생겼다

배들은 색깔이 지정해준 방향대로
출항하고 입항한다

하나만 가둬 외로웠던 가슴도 지치면
누군가 지정해주는 방향을
눈여겨볼 수 있을까

가물거리는 윤슬을
등대는 불 밝히려 끌어 모은다

구름으로 되돌아가오

구름으로 두둥실 하늘 떠가고픈 건
아직 어린 마음 있어서요
두고 가는 여행은 혼자라는 걸
이해 못했을 때
찔레꽃 희끗희끗 꽃 머릿결을
잎사귀로 두고 간다는 건
서리 밭에서 그리운 것 아니고
죄책감도 아니었소

아무리 멀리 떠가도
지평선으로 가리지 못하는 세상이 있어

오후 햇빛 감추다 내어놓는 구름을
신기루가 된 냇가까지
다리를 잇다 잠드는 것이오

바다 향한 동행

노을을 눈에 담은 새는
노을 가라앉는 산을 넘지 못한다고 했던가?

갈매기만은 울음소리를
날개에 실어
바람을 품은 배와 함께
수평선을 넘으려 한다

물살을 거치며 나아갔던 배는
육지에 박혀있는 닻을 끊어 내지 못하자
항해의 자유를 위해
노을빛을 물어 등대에 둥지를 만든다

갈매기는
뱃전을 밝히며 동행을 시작한다.

여름동화

논에서 피 뽑던 여자아이가 발목에 붙은
거머리를 급히 떼어낸다

들꽃을 찧어 상처에 덮은 사내아이
통증보다 와 닿는 꽃냄새

고맙다하기 전에
눈물비친 눈동자에 까뭇한 얼굴 맺히고
여름 꽃무리 속으로 함께 갇혔다.

아름다운 눈물

별빛에 찔린 눈
방울방울 맺힌 눈물로 담을 쌓고는
그 안에 집을 짓고 살던 별지기는

누구의 초상화를 땅에 두었기에
별 무리 훔쳐 별을 닦고 있었을까?

너라는 나비

나의 들판에 사철 꽃 피울게
마음껏 날아 다니렴

넓은 곳에서 어디 갔는지
찾지 않아도
날갯짓으로 일으키는 산들바람만 확인되면

슬프도록 그리워도 안심할 수 있잖아.

그대가 나의 가을이다

그대가 준 들국화 한 다발을
손으로 받았지만

그대와의 가을을 송두리째 가슴으로 받았다

繡(수놓을 수)

꽃 나들이 가려는 이웃집 아줌마위해
옷고름에 수 넣고 있었지

꺾은 꽃, 사발에 띄워
오색실 섞어 한 땀 한 땀 바느질하며
꽃대로 피웠지만
꽃보다 더 이쁘시라 겉말하고는

꽃송이 마를까
물 축여주고 다리미질 반듯하게
봄을 가두고 있겠지

버스 승강장에 핀 민들레에게

씨앗을 다 날려 보내고
버스 따라가고 싶은 건
대를 이어 그래온 것처럼
다른 너의 후대가 계속 겪어야 할 것들

여기까지 왔을 때 왔던 곳을 바라보자
여전히 버스는 떠났고
보내는 사람 있었을 거다

유전자에서 탈락된 재회가
까만 꽃반에도 맺힌 이슬을
땅으로 보냈고
다른 씨앗을 품어 싹 틔우게 하는 모태였다

내일도 해는 아침 안개를 걷고 빛난다
희망은 놓아버린 손에서도 잡히는 햇살이고
흰 빛 언덕길은 너의 꿈이었잖니.

샛별

땅과 하늘 중간 즈음
밤 어둠이 획을 그은 먹물처럼 번지자
뭇 별의 길잡이 위해 몹시 밝았던 별이
초가집 문틈으로 새어 나오는 삼십 촉
전구가 될 때 있다

가족은 익숙한 불빛 따라 집으로 향하고
아랫목 배 깔고 선 잠든 아이를
쌀밥 냄새가 깨운다

화로에 숯불이 옮겨지고
공깃밥은 아랫목에서 온기 더 하자
별은 산 아래 가라앉는다

無를 위해

이른 아침 연잎 이슬은
머물렀던 자리에 재가 남지 않도록
비추던 풍경을 간직하지 않는다

햇빛을 밑에 깔아 지핀다
다비식 시작한다.

바닷가 카페

고기잡이배들은 조각난 새벽을 훑고
집어등마다 햇살을 끌어 언덕에 먼저
깔았다
골목이 갈라지는 첫 입구에 카페가
걸려있다

파도를 먼저 보낸 바다와
차향에 이끌린 사람들이
회상을 끌어와 멈추었고
바람만 벽에 걸린 시를 스치며

덕장을 벗어나지 못해
바다가 모질다했고
인연의 이름을 모래에 쓰고
수평선이 슬프다했다

난로에 올려놓은 주전자가 연신 김을 뿜는다
기다림만은 푸르른 색깔 다해
찻잔에 녹는다
그곳에서는 따뜻하다.

팔레트에 담았던 물감 마르기 전에

소나기 그치고
초가집 지붕부터 푸릇한 논까지
반원 그리는 무지개를
색깔대로 그리면

손 붙잡고 미끄럼틀 타러 달려가는 아이들

순리

들판에 첫 꽃이 피자
뒤이어 꽃무리 편입되기 위해 경쟁이
숨 막힌다
누가 알려주면 사치스러운 조언일 것이다.

여자애는
수시로 비웠다 채우는 가슴에서도
첫 달거리는
두려움보다 설렘으로 순환된다

꽃눈에서 틔우는 복종은
여인으로 향하는 발걸음을 붉디붉게 비친다

목련 꽃, 등

꽃등으로 밝히는 건 자신의 색깔이다
목련부터 그랬다

냇가에 빨래하는 소녀도
무조건 찾아 비추는
불빛에 익숙해야 한다는 걸
낯선 세계로 끌고 가는 손길을 뿌리치지 못한다

첫 등이 서툴지만
달빛을 이기기 위해 힘 다한 뒤
꽃잎으로 바라봤던 풍경 향해 한 닢씩 날린다
담 안을 동경하던 꽃들도 연이어 밝힌다.

국화 피고

해후가 짧아
흔드는 손마다 그늘을 만들던 국화가
스스로 펼친 날개를 거둬야 했던 건

달빛이 무거워
그림자 향해 떨어질 때다

꽃 이파리 흐트러진 앞마당에서
부엉이 울음을 헤치며 갔던 할머니가
흰 머릿결에 별 이고 돌아오실까 서성였고

호롱불 깜박이고
이불 덮어주던 손길에 언뜻 깨면
밤이 눈시울에 더 푸르렀다.

해설

삶의 벽과 벽 사이
　　창을 통해서 본 세상 이야기
　　　- 이기영 시인의 시집 『꿈꾸는 사막 여우』에 붙여 -

이충재(시인, 문학평론가)

1. 삶과 시를 생각하며
　역 광장이나 공원에 마련된 간이의자에 앉아 사람들 생활의 규모에 대해서 구경한 적이 있다. 종종 그들과의 거리를 유지하며 그들의 일상 중 드러나는 관습과 습관에 대하여 관찰하기도 한다. 표정이 다르고, 보폭의 각도가 다르고, 음식을 대하고, 옷을 입고 다니는 취향 저격이 큰 차이를 드러낸다. 바람과 새와 나비와 구름과 어깨에 내려앉는 빛을 대하는 마음이 다르고, 해 저물 무렵 땅거미를 대하면서 움츠리는 몸의 깊이 역시 다르다. 성을 내고 미소 짓는 태도에 이들의 모습을 지켜보며 여러 유형의 사람을 관찰하여 수위 조절하는 것도 지혜 중의 하나가 된다. 이 또한 문학을 하면서 도진 습관 중 하나다. 참으로 재미있고 즐거운 놀이 중 하나임에 조금 더 철학적, 인문학적 스펙트럼을 준비하고 주도면밀하게 관찰해야 할 책임을 느끼게 된다. 그러다 보니, 이름 뒤 따라 붙는 닉네임이 제법 많이 늘어난 느낌이다. 그 느낌으로 시를 읽고 시인들을 만나고, 삶의 보이지 않는 부분까지도 인문학적인 눈으로 바라보게 된다. 어느새 머리가 희끗거려 가을볕에 유난히 빛이 난다는 사실을 알게 되었다. 그러니까 이 현상은 순전히 삶의 가치를 발견하다가 생긴 결과물이다. 오늘도 이기영 시인의 시 세계를 통해 삶과 사람 그리고 사물과 우주의 혹은 사람과의 순응관계 및 역학관계를 생각할 기회가 주어졌다. 그것이 바로 시라는 문학의 스펙트럼을 통한 관찰이라는 창이 되어서 더욱 신바람이 난다. 이 또한 행복한 삶이요. 고백임에 틀림없다. 이유는 시는 인문학의 꽃 중의 꽃으로 공감하면서 살아오고 있기 때문이다. 테즈 휴즈가 시를 말하면서 "시는 누구하고도, 심지어는 그것을 써낸 시인과도 제법 분리된 채로 존재하죠. 또한 시를 불구로 만들거나 죽이려는 것이 아닌 이상, 다 쓰인 시에게는 아무것도 덧붙일 수 없고 거기서 뭔가를 들어낼 수도 없어요. 시는 지혜 같은 것도 지니고 있죠. 녀석들은 특별한 것을 알고 있어요. 우리가 그렇게나 궁금해 하고 배우고 싶어 하는 그 무언가를요. 어쩌면 제 관심사는 동물 잡기나 시 쓰기가 아니라 내 것이 아닌 각자의 삶을, 그들의 활력을 사로잡는 일이었는지도 모릅니다." 이처럼 진실한 마음으로 이기영 시인의 작품을 대하고 보니, 마치 그 시들이 충분히 영양분을 공급하고, 내 영혼의 창을 노크하면서 충분히 온기를 전달해 주는 듯해서 참으로 친근감으로 다가온다. 더욱이 제1부의 시 작품들은 읽고 또 읽고 지속적으로 마주하고 미소 짓도록 필자의 혼을 단단히 붙들고 놔주지를 않는다. 이점을 생각하면서 이기영 시인이 이 시집의 어딘가에는 평자들을 사로잡는 장치 내지 오아시스 같은 비밀 공간을 의도적으로 만들어 놓지 않았을까 은근히 생각하게 한다. 필자는 그곳이 바로 제1부의 공간이라고 생각한다. 테즈 휴즈는 작품을 대하면서 작품과 사람들과 관계성에 대해서 다음과 같이 이야기하고 있다. "사람에 대해 낱낱이 다른 글 중에서 조금이나 생명력이 담겨 있는 작품은 믿을 수 없을 만큼 적습니다. 독자들로 하여금 인물이 살아 있는 것처럼, 그가 실제로 존재했던 것처럼 여겨지게 하는 그런 글을 쓰는 일은 틀림없이 굉장히 어려워 보입니다." "시는 생각이나 우연한 상상의 산물이 아닙니다. 우리의 육체와 영혼을 순간적으로 또는 영원히 변화시키는 경험에서 나오는 것입니다. 훌륭한 시인들의 작품은 그들이 과거의 어느 시점에서 겪었던, 혹은 그들 고유의 성격 때문에 반복해서 일어나는, 인상적이거나 개인적인 경험에서 나온 것입니다. 이 경험이 더 넓을수록, 그러니까 평범한 일상에서 나온 것일수록 시인은 실로 위대해집니다." 테즈 휴즈의 이 말에 비추어 볼 때, 이기영 시인의 시집에

수록된 대다수의 작품들이 충분히 사색적이고, 자신 영혼의 창을 수없이 왕래한 이후의 여정을 통해서 길어 올린 숨구멍들의 집합소처럼 느껴진다. 다시 말하면, 생명력의 경이로움을 경주시켜 놓고, 그 경이로운 광경을 통해서 잃었던 인성의 가치를 다시 회복시키자는 궐기의 항변 의사가 다분히 내재해 있다고 보면 틀린 말은 아니다. 그만큼 시인은 자신이 처해 있는 삶의 공간에서 모든 사물과 사람 그리고 그 사이를 내통하는 피조물의 잔 부스러기까지 놓치지 않고, 연합하여 21세기 피조 세계 모든 지체들의 건강성을 위해서 고군분투(孤軍奮鬪) 하고 있는 것이다. 그 진단서와 처방전 그리고 개혁의 도구가 시문학이어서 어느 누구 하나 상처를 당하거나 분노를 일으키지 않고, 콧노래 부르며 가슴에 새겨 둘 수 있어서 좋다. 다만 이 한 권의 시세계를 접하는 선택과 집중의 노력은 시인과 독자들이 해야 할 일이기에 필자는 이를 위하여 인문학적 홍보 차원에서의 깃발 하나 독자들과 이기영 시인이 자주 드나드는 그 지대 높은 망루 위에 꽂을 뿐이다. 그 결과는 후에 가을빛 받아 찬란하게 빛을 낼 것이며, 그 나부낌으로 인하여 어두운 우리의 세계가 밝아지고, 우울하고 암울하기만 한 천민자본주의로 인해 탁한 각자의 세계가 또한 건강성을 회복하게 되리라 믿는다. 그 생명력을 지닌 이기영 시인의 시세계를 만나보기로 하자.

2. 시와의 의미 있는 만남

 거룩한 망명자, 거룩한 독행자가 시를 들고 혹은 시를 경작하기 위하여 다져놓은 소로를 향해 성큼성큼 다가서는 그 느낌이 좋다. 콧노래가 절로 나온다. 함께 손을 잡고 꽃잎 차 한 잔 우려 들이키며 쉬어가는 느낌도 아주 좋다. 거기다가 시를 뿌려 우리의 가는 길을 마중하는 이기영 시인의 애씀도 느낄 수 있어서 좋다.

찔레 순 꺾던 누이의 손가락에서
봉긋 솟는 핏물

나의 어린 우주가 고여 있다
　　　　　-<아픈 것이 아름다울 때 있다> 전문

 참으로 아름다운 시다. 동심을 낳게 한 유년의 시골 살이를 경험한 사람들은 쉬 이해하고 그리움의 중심을 찾아 나서게 할 짧은 시다. 찔레 순을 꺾어 많이도 먹었다. 배가 부르지 않는데도 불구하고, 순간의 시장기를 덜어줄 것 같은 희망을 안고, 위 속으로 밀어 넣던 찔레 새순의 이미지는 지금도 경이로운 존재성을 드러내게 한다. 그런데 이기영 시인은 그 찔레 가시에 찔려 솟는 누이의 핏물의 형상을 보고, 시인 자신의 우주가 고여 있다고 노래하고 있다. 그 옅은 핏방울에서 자신의 우주, 미래의 자아가 지닐 온갖 형상을 예

상했다는 증표이기도 하다. 세상의 그 어느 한 부분이 아픔이 아닌 것이 있겠는가? 그 아픔의 대명사로서 핏물만한 통증의 상징을 또 어디에서 발견할 수 있겠는가? 그러나 시인은 그 적색 핏물의 지름을 관통하여 보이는 그 너머 인간 세상의 경이로움과 고뇌 그리고 우주를 통하여 충분히 감내하고 극복해야 할 순수와 결부시켜서 자신의 유소년 시절의 기억을 잊지 않음으로써 성인이 되어 겪어야할 온갖 시련을 의연하게 마주하고 싶은 열망을 독자들에게 들려주고 있다고 본다
.

너에게
편지 쓰다 한 단어에 꽃잎을 붙이고
다음 계절까지 기다린 뒤 부친 것은
마른 꽃 이파리가 부스러져야 했거든
우체통 찾느냐 늦었다 핑계됐지만
편지 받고 의아해할 너의 표정
꽃무늬 그대로 얼룩졌을 단어를
나의 뜻으로 알리고 싶다.
　　　　　-<꽃보다 꽃 같았던> 전문

　요즘은 지나치게 요란해서 혼미하다. 어느 한 가지에 몰입하고 마음을 쏟기가 몹시 어렵다. 한가지의 의미를 전달하는데도 수많은 미사어구가 동원되어야 하고, 그것도 모자라서 거짓말까지 동원하여 상대를 쓰러뜨리고 넘어뜨리고 자신의 단점을 장점화 시켜 그의 모

든 것을 빼앗거나 소유하려고 한다. 그 이후의 결과에 대해서는 생각지 않은 미시적인 욕망이 빚어낸 어리석은 결점을 불러온다. 이런 세상을 관통하는 진실과 순수성을 이기영 시인은 위의 시에 그대로 투영시키고 있다.

"편지 쓰다 한 단어에 꽃잎을 붙이고/다음 계절까지 기다린 뒤 부친 것은/마른 꽃 이파리가 부스러져야 했거든//꽃무늬 그대로 얼룩졌을 단어를/나의 뜻으로 알리고 싶다."

 필자의 어릴 적 편지를 주고받는 문화 중 하나, 특히 좋아하는 대상을 향한 간절한 마음 전달 중 하나는 꽃잎이나 은행잎, 단풍나무 잎 등의 아름다운 잎을 편지지 갈피에 넣어서 전달하는 것이 유일무이한 멋스러움 중의 하나였다. 대부분의 사람들이 당일 혹은 꽃잎이나 아름다운 나뭇잎이 부스러질까 애지중지 다루곤 했는데, 시인은 오히려 부스러진 꽃잎을 통해, 그 얼룩진 꽃잎에 자신의 그리움과 사랑하는 진한 마음을 상징화하여 진한 느낌을 줄 수 있게 한 강한 바람이 위의 시에 담겨 있음을 느낄 수 있다. 편지를 받는 그가 꽃보다도 더욱 아름답고 깊이가 있다는 속 의미까지도 위의 시에 잘 담아 놓은 정성이 엿보인다.

꽃밭의 꽃 이파리가 바람과 흐트러질 때
마당 한 쪽에 모으려 빗질 하였습니다

종량제 봉투에 넣으려다 꽃밭에 돌려주었습니다
떨어지면 떠나는 것보다
떠나는 걸 무조건 받아들이는 것이
넓고 깊다는 걸 알게 됐습니다
다른 꽃이 질 준비합니다
어떤 바람이라도 흩날린다면
무색의 공간을 잠깐 입혔던 색깔이
오래도록 남습니다
창고 앞에 두었던 빗자루를 다시 들었습니다
쓸게 될지 내가 쓸리게 될지 혼돈이 올
생각까지 쓸었습니다.
   -<마당을 쓸었습니다> 전문

 위의 시를 감상하면서 시인의 자연을 향한 고운 마음, 아름다운 마음을 느낄 수 있었다. 천상 순수 서정 시인임이 틀림없게 하는 작품이다. 대부분의 사람들이 떨어져 인적에 눌린 꽃잎에 마음을 두는 사람들은 없다. 그냥 빗질을 통한 자기 시야에 든 청결하고도 깨끗함만을 고집한다. 그런데 이기영 시인은 그 현상 앞에서 심각한 고민을 한다.

 "종량제 봉투에 넣으려다 꽃밭에 돌려주었습니다/떨어지면 떠나는 것보다/떠나는 걸 무조건 받아들이는 것이/넓고 깊다는 걸 알게 됐습니다" "창고 앞에 두었던 빗자루를 다시 들었습니다/쓸게 될지 내가 쓸리게될지 혼돈이 올/생각까지 쓸었습니다"

 자연과의 몰아지경을 경험하게 하는 시행을 발견하

게 된다. 난삽한 시대상에서 특히 성취라는 이기적 상념에 중독되어 상대적 빈곤을 느낄 수밖에 없게 하는 21세기 이 시대의 뒤란에서 이기영 시인은 우리 모두에게 신선한 충격을 안겨 주고 있다. 꽃잎을 쓸어야 할지, 자신이 쓸려나갈지 모르는 그 생각까지 쓸어 담고 이후에 꽃잎과 마주하고 정화된 자신의 이미지를 찾아 나선 것이 분명하다. 그렇다면 쓸어 담기만 하려는 욕망을 지닌 오늘날 사람들을 부끄럽게 만들기도 하는 아주 부드러운 메시지가 이 시에 담겨있다고 할 수 있다. 이는 오랜 시간 자아와 자연의 몰아의 순간을 통한 성찰이 선행되지 않으면 결코 할 수 없는 이미지 돌출이란 점에서 가히 훌륭하다.

맺힌 이슬을 떨구지 못한 풀잎,
가슴에 맺힌 물기를 통해
사람을 보고도
얼른 떨구지 못해 마르길 기다리다
아픔을 먼저 깨달았던 나이 때를
꽃을 피우려 꽃 밭을 밀었던 풀대부터
벽화에 새겼다.
-<나의 열여덟은 풀잎이다>전문

이기영 시인이 다른 시인 및 다른 삶을 살고 있는 사람들과의 변별력을 추구하고 있다고 느껴지는 시들이 제법 눈에 뜨인다. 단 한 번도 만나지 못해서 오직 시만을 가지고 시인을 이야기하고 진단하는 유일무이

한 시도를 하고 있기는 하지만, 시가 다른 장르와 같지 않아서, 그 시만을 통해서도 그 한 사람의 시인을 알아차리기란 어렵지가 않다. 말은 거짓을 고백할 수 있어도 시적인 언어를 도용하여 거짓을 남발하려는 것은 무모한 행위이다. 그만큼 시적 언어가 감성과 정서를 그대로 탐지하여 독자의 가슴 속 깊이 와 닿는 순간, 육화되어 가장 솔직담백하게 전달되기 때문이다. 위의 시를 통한 시인의 순수성과 오늘의 진실성이 그대로 투영되는 것도 바로 그의 시를 통한 유소년 전설을 하나 버리지 않고 꽃잎을 벽화에 새기듯 시인의 가슴 깊이 새겨 두었기 때문이다. 대부분의 사람들이 안 좋은 기억만을 새겨 둔 까닭에 수없이 세월이 흘러 성인이 되고 노인이 되어도 모난 관계성의 원인자가 될 수밖에 없다는 점을 볼 때 이기영 시인의 삶이 아름답고 순수한 까닭의 발원지를 체크하기란 그렇게 어렵지가 않다.

비 내릴 때 떨어지는 소리에 뒤안길을
돌아보지 말자
나뭇잎 나는 것보다
가지를 휘청이게 하는 것이 아팠다면
떨구었던 잎이 없어도
후회는 자연스러운 것
빗소리가 누군가의 목소리 닮았어도
슬퍼하지 말자
뒤돌아 부르지 않아

서운해 하지 않는다면
숲을 이루었던 기억을 아름답게 빚어낸
것이다
날개를 털어내던 참새는
맺히는 빗방울에 자신을 비추지 않는다.
-<비와 기억들> 전문

 위의 시를 보면서 이기영 시인은 끊임없이 순수 자신의 정체성을 빚어나가는 아름다운 인문학이자 시단의 기수라는 것을 바로 느낄 수가 있다. 대부분의 사람들이 고통의 소리에 잠길 때, 자신을 비아냥거리는 역기능적, 모순적 공격성 짙은 언어에 매몰될 때조차도 시인은 그 현상들을 돌아보거나 일부로 떠 올리지 않고 슬퍼하지도 않는다. 서운해 하지도 않는다. 비와 기억들의 시를 쓰는 순간 자신을 초월한 자연미에 강하게 이입시켜 더 나은 아름다운 인생을 추구하는 강한 에너지의 생성을 느끼기 때문이다. 위의 시 말고도 많은 대부분의 시들이 이와 같이 성찰의 의미, 자연의 현상을 통한 자화상의 발견을 시도한다는 점에서 대부분의 시들이 서정적 아포리즘 형식을 닮았다고 해도 과언이 아닐 만큼 따뜻한 이미지들이 시 곳곳에서 돋보인다.

꽃이었을 거다
누렇게 바랜 윗옷과
거무스래한 얼굴이 머물고 있으니까

눈동자는 따라오지 못하다
곁에 있으려 했던 웃음이
꽃으로 행복하다가도
풍경과 더불어 입술을 파리하게 다물고
말았어
햇살을 억지로 끌어안아
꿈은 가지기 위해 잠 청하는 데도
이른 서리 반짝이며 꽃 비린내가 풍겼어.
-<늦가을 들국화가> 전문

 행색만으로도 그 한 사람을 사정없이 낙오자로 만드는 이기적인 세상에서, 우리는 내면의 가치를 평가하는 수준 높은 삶을 목표로 자가 훈련을 거듭하지 않으면 안 된다는 것을 위의 시를 통해서 느끼게 된다. 이기영 시인은 이미 그 가치를 알고 있는 책임성 강한 시인이다. 그것이 우리 인간의 가장 고상한 현실적 목표가 되어야 한다는 것도 발견해 놓고 있는 것이다. 아무리 한 사람의 행색이 남루하고 가난으로 얼룩지고 병약하여 외면으로는 볼품없게 느껴질지라도 그 한 사람의 인생을 송두리째 매도시킬 수는 없는 일이다. 그런데 오늘날 우리의 모습은 어떤가? 인종차별의 현장이 그렇고, 빈부의 격차로 인한 갑질의 논란이 또한 그렇고, 장애 유무로 인한 불편한 상대를 향한 배려와 처우개선이 여전히 미흡하다, 당리당락을 놓고 모진 혈투를 벌이고 있는 정치권은 말할 것도 없고, 선과 악, 사랑과 자비를 표방해야 할 종교단체에서 행

해지는 집단 이기주의의 성행은 또 어떤가. 이기영 시인은 한 송이 늦가을 국화의 이미지를 통해서 그것이 한때도 그랬고 서리 맞은 초겨울 시점에도 그렇고, 꽃잎 한 점 보이지 못하는 매서운 계절에서도 여전히 아름다운 향기 품은 들국화였음을 우리네 삶의 순수성도 그렇게 형성되어야 한다고 말한다. 모든 코스모스가 하나같이 끝을 아는 거다. 엉킨 이슬을 흔적 없이 말리는 거다. 그래도 삭은 줄기로 바람 스친 소리 정도는 내는 거다.

밤하늘별이 가는 곳을 알려주려던 별똥별
금방 메워지는 길을
기억하고 시들어가는 꽃이라도
오르려
노을을 지펴 들녘 향해 인사하는 걸
아는 거다.
-<끝에서>中

 필자는 처음 다루었던 시 <아픈 것이 아름다울 때 있다>와 위의 시를 접목해 가며 중간 중간 다른 시들을 소리 내 낭독해 보았다. 코스모스라는 꽃의 이미지를 통해 자연의 핵심 요소를 그리고 우주로까지 길을 내고 달려가려는 소망을, 이를 통해서 피조물의 고상한 품위를 잃고 살아가는 인간들과 자연현상을 향한 거룩한 목례를 통해 오늘날 기후 위기로 인해서 몸살을 앓고 있는 지구를 위로하는 메시지를 읽을 수 있어서 좋았다. 이 시대의 현상을 시인은 '끝으로' 본 듯하나 어쩌면 시인이 원하고 바라는 현상의 변이가 재생된다면 '시작으로' 그 지점이 출발선이 되어 오래전 순수한 인간관계로 인한 살맛나는 인간과 자연과 동식물이 하나 되는 파라다이스가 연출되지 않겠는가 라는 자의적 고백을 하는 듯하다. 이것이 바로 이기영 시인이 시를 창작하는 동기요 목적이 되는 듯해서 고맙다 인사말 한마디 남긴다.

3. 시인과 무언의 대화를 마치고 다시 일상으로

21세기는 저마다 개인적인 공간(형이상학적 개념으로서의 우주와 물질과 육체 그리고 정신의 공간)의 중요성이 대두되는 시대임이 틀림없다. 또한 산업자본주의가 빚어낸 특성이다. 이는 지극히 인간 사회를 향한 유익에 적합한 구조라고는 할 수 없겠지만, 천민 자본의 원리이자 특성이란 점에서도 어쩔 수 없는 현실이다. 그렇다면, 이러한 부정적, 비판적 현장을 어떻게 아름답게 리모델링해 나가야 하는가에 대한 누군가의 책임과 노력이 절실하다고 할 수 있다. 역사적으로 볼 때 그 분야의 책임을 부여받은 직종의 전문가들이 분명히 있었다. 그러나 그들에게 거는 기대는 역시 기대일 뿐, 간절한 바람에 지나지 않았음을 알게 되었다. 그래서 그 일말의 기대를 인문학의 꽃인 시와 시인들에게 다시 걸어보자는 것이다. 그 단초를 이기영 시인의 작품론에서 충분히 발견하여 기대를 모아봄과 동시에 놀라운 변화가 있게 되기를 기대해 본다. 이는 시인들의 시를 창작하는 기술 보다는 시인의 가치관과 인격 그리고 순수성과 정체성이 분명히 드러나야 한다는 법을 근거로 하는 말이다. 그런 의미에서 이기영 시인의 작품 창작에 거는 기대가 실로 크다. 시를 감상하노라면, 한 사람의 인간으로서의 양심과 진실 그리고 시인의 가치관을 결코 빗나갈 수 없음을 판독할 수 있다. 요즘 성행하는 진실검증의 난이도가 높아지는 현상과 맞물려 말로는 수없이 많은 거짓을 고백할 수 있다고 하겠지만, 글은 특히 시는 진실이라는 투명 페이퍼를 통과할 수 없다. 분명 시는 정신세계의 진위를 판가름하는 인문학의 초정밀 여과장치와 같아서 그 진위를 다 걸러낸다는 것이다. 그 결과론적인 중요과제를 앞에 놓고 본다면 이기영 시인의 시적 행보에 거는 기대는 자못 크다고 할 수 있다. 테즈 휴즈가 말하기를

" '시라는 렌즈'를 통해서 들여다보면 그 사람이 처했던 상황들의 디테일을 볼 수 있게 돼요. 결국 그 사람의 머릿속으로 들어가 그의 눈을 통해 보게 되죠. 그의 공허감, 딜레마, 체념과 같은 것을 알아차리게 되는 거예요. 동시에 시는 생각이나 우연한 상상의 산물이 아닙니다. 우리의 육체와 영혼을 순간적으로 또는 영원히 변화시키는 경험에서 나오는 것입니다."

이와 같이 이기영 시인은 시를 통한 사물과 사람 그리고 우주적 지구의 관계 속에서 자연 생태의 생성과 소멸을 주도면밀하게 그의 세계관에 접목시킨다. 시 창작하는 기발한 아이디어와 창작론을 지니고 살아가는 시인이라는 것을 시 속에서 발견하게 되어 기쁘다. 이성복 시인은 시인의 시가 결과적으로 어떤 영향력을 바탕으로 돌출되는가? 그 이유로서 창작 행위자로서의 특징을 들면서 다음과 같은 교훈을 남겨 주고 있다. 이는 시인 자신이 자신의 유소년 적 추억을 조절하여 인격과 품격 그리고 습관들이 빚어내는 결과물을 잘 관리하면 이번 시집 출간을 통한 이기영 시인에게는 큰 소득이 되리라 기대를 모아본다. "시인이 끊임없이 반성하고 회의하게 하며, 고통스럽게 만드는 '글쓰기'라는 것은 과연 무엇인가. 시인은 『예술가로 산다는 것』의 표지를 보고 울었던 이유를 말하며, 자신을 사로잡고 있는 '원 장면'에 대해 이야기한다. 가령 양피지에 쓰인 글자를 지우면 잉크는 없어지지만 눌린 자국은 그대로 남는데, 그것이 일종의 원 장면 같은 것이라 한다. 그것은 대개 유아기 어린애의 뇌리에 박힌 기억인데, 성장한 아이는 그 기억을 까맣게 잊어버리지만, 나중에 어떤 사건을 계기로 촉발된 기억이 되살아난다. '아무도 위로할 수 없고 위로받을 수 없는' 그 원 장면과 대면하는 것, 그것이 시인에게 있어서는 글쓰기이다. 이 말은 시인이 자신의 시 창작을 통해서 충분히 스스로 힐링하고 난 이후의 혹은 그 과정을 직접 체험함을 통해서 시 창작의 참된 기쁨과 행복을 추구할 수 있다는 것이다. 이러한 행위가 선행되지 못한다면, 시대의 또 다른 독성을 품은 마약과 같은 시를 쓰게 됨으로써 인류에 해와 악을 촉발시킬 뿐만 아니라 인간을 죽이는 독침이 되는 글과 말을 발설하게 된다는 맥락으로 들린다. 다행스럽게도 이기영 시인의 시는 충분히 순수하고 건강한 정체성을 기초로 창작되고 있기에 안심이다. 그래서 21세기 인문학의 병적인 현장을 향한 총체적인 기대를 이기영 시인과 그의 시 작품에게 걸어 보는 것이다. 마지막으로 보르헤스의 당부의 말씀을 빌려서 시인에게 당부의 말씀을 드리는 것으로 이기영시인의 작품 평설을 마치려고 한다. 이 바람이 그리고 당부가 이기영 시인의 남은 시적 인생에 충분한 영양분이자 활력 왕성한 에너지원이 될 것을 확신한다.

"우리는 시를 향해 나아가고, 삶을 향해 나아갑니다. 그리고 삶이란, 제가 확신하건대 시로 만들어져 있습니다. 시는 낯설지 않으며, 앞으로 우리가 보겠지만 구석에 숨어 있습니다. 시는 어느 순간에 우리에게 튀어나올 것입니다. 그런데 우리는 곧잘 혼동에 빠지기 일쑤입니다."

시 창작을 하면서 만나는 단체, 시인들 그리고 유별난 독자들을 마주하거나 시대적 온갖 난제들과 직면하게 될 때, 시인의 정체성과 순수성을 잘 지켜나가 건강하고 충분히 힐링의 역할과 시대의 균형을 바로 잡아주는 선구자적 역할에 최선의 지적 노동을 부탁 드린다. 또한 시대적 삶에 지쳐있거나 고독하고도 마음 아파하면서 절실한 그 무엇을 간절히 바라면서 영혼 고독해 할 때, 어디선가 숨어 잠자던 시들이 툭툭 튀어나와 시인의 가슴에 안겨 시인을 위로하고 삶의 의미를 되새겨 주리라 확신한다

꿈꾸는 사막여우

발행일	2024년 11월 1일
저자	이기영
발행인	정호영
주간(主幹)	이 안
디자인	流 影
제작	도서출판 홍두깨

(제306-2012-24)
서울 중랑구 용마산로115길 37-6
전화   02)2208 3647
전화   (대표) 02) 2208-3647
          010) 2340-3647
          010) 4362-9114
home page http://hdkbook.cafe24.com/
 E-Mail hdk@seoul.korea.com

*잘못 만들어진 책은 구입 서점에서 교환해 드립니다.
*저작권은 저자에게 있으며 무단 전재 및 복제를 금합니다.

정가 12,000원

ISBN 979-11-88653-34 -8 (03810)